Lorenz · Kleine Geschichte der Arbeiterbewegung

Umschlagabbildung:
© Ansgar Lorenz

Bibliografische Information der Deutschen Nationalbibliothek

Die Deutsche Nationalbibliothek verzeichnet diese Publikation in der Deutschen Nationalbibliografie; detaillierte bibliografische Daten sind im Internet über
http://dnb.d-nb.de abrufbar.

Alle Rechte, auch die des auszugsweisen Nachdrucks, der fotomechanischen Wiedergabe und der Übersetzung, vorbehalten. Dies betrifft auch die Vervielfältigung und Übertragung einzelner Textabschnitte, Zeichnungen oder Bilder durch alle Verfahren wie Speicherung und Übertragung auf Papier, Transparente, Filme, Bänder, Platten und andere Medien, soweit es nicht §§ 53 und 54 URG ausdrücklich gestatten.

© 2009 Wilhelm Fink Verlag, München
Wilhelm Fink GmbH & Co. Verlags-KG, Jühenplatz 1, D-33098 Paderborn

Internet: www.fink.de

Einbandgestaltung: Ansgar Lorenz, Berlin
Herstellung: Ferdinand Schöningh GmbH & Co KG, Paderborn

ISBN 978-3-7705-4869-9

Ansgar Lorenz

Kleine Geschichte der Arbeiterbewegung
In Deutschland - Von 1848 bis heute

Wilhelm Fink

Industrialisierung und Lohnarbeit

Sicher: Die Gewerkschaften haben im Kapitalismus verschiedene Rollen gespielt. Nicht immer die besten .... Aber schauen wir doch mal, wie das Ganze angefangen hat:

Um 1800 finden tiefgreifende Veränderungen in dem damals noch uneinigen Deutschland statt. Durch die neue Wirtschaftsweise der industriellen Produktion wird die Gesellschaft von vormals Handwerkern, Bauern und Adel immer stärker von einer neuen Klasse durchsetzt: **Dem industriellen Proletariat.**

Miserable Arbeitsbedingungen und Koalitionsverbot

Die Arbeitsverhältnisse sind barbarisch: Arbeitszeiten bis zu 17 Stunden täglich, mangelhafte Ernährung, ungesunde Arbeitsbedingungen und miserable Wohnverhältnisse. Auch Kinderarbeit ist üblich. Kinder beginnen mit 9 Jahren in den Fabriken zu arbeiten, zu der Hälfte des Lohnes der Erwachsenen bei gleicher Arbeitszeit. Während sich das Bürgertum nach französischem Vorbild langsam erhebt, wird das Leben der ArbeiterInnen nur noch elendiger.

Der Zusammenschluss zu ArbeiterInnenvereinigungen ist bis in die 1860er Jahre untersagt. Trotzdem gibt es immer wieder Versuche von gewerkschaftlichen Zusammenschlüssen.

Erst 1861 wird zunächst in Sachsen das Koalitionsrecht gewährt. Für das Gesinde (z.B. Dienstboten eines Gutsherrn) gilt die 1854 erlassene, bis 1918 gültige Gesindeordnung, die jeden Zusammenschluss des Gesindes und der land- und forstwirtschaftlichen Tagelöhner mit Gefängnisstrafe bis zu einem Jahr bedroht.

ArbeiterInnenelend und Maschinenstürmer

Sind es am Anfang noch die **„schwarzen Teufel"**, die Maschinen, auf die sich die Wut der ArbeiterInnen richtet (z.B. in Form der „Maschinenstürmer", einer Protestbewegung gegen die Maschinisierung der Arbeit) und die zum Teil sabotiert und zerstört werden ...

... formiert sich bald ein ganz anderer Widerstand: Eine zunächst kleine Gruppe erkennt in den bestehenden Produktions- und Besitzverhältnissen der überkommenden, neuen Gesellschaftsordnung den Grund für die Misere der ArbeiterInnen. Ihr Kampf gilt fortan der kapitalistischen Gesellschaftsordnung.

Das Kommunistische Manifest

1848 veröffentlichen **Karl Marx** (rechts) und **Friedrich Engels** (links) das „**Kommunistische Manifest**" ...

... darin legen sie dar, dass die Menschheitsgeschichte eine Geschichte von Klassenkämpfen ist. Deutschland, am Vorabend einer bürgerlichen Revolution, sei bald so weit: Das neu entstehende **revolutionäre Subjekt, das Proletariat,** werde historisch notwendig den kommunistischen Umsturz bewirken und so die Klassengesellschaft aufheben.
Das Manifest endet mit einem Aufruf zum internationalen Zusammenschluss:

Klassenkampf!

„Proletarier aller Länder, vereinigt Euch".

Bürgerliche Revolution 1848

Mit der **Revolution von 1848** scheitert der erste Versuch, eine **bürgerliche Demokratie** durchzusetzen.

Widersacher der bürgerlichen Bewegung: Preußens König Friedrich Wilhelm IV.

Liberal gesonnene Bürger wollen Deutschland nach französischem Vorbild eine Verfassung geben, die Deutschland eint und demokratische Rechte wie Presse-, Meinungs- und Vereinigungsfreiheit garantiert.
Die Fürsten im Lande sperren sich. Nach anfänglichen Erfolgen der Bewegung gerät diese zusehends in die Defensive und scheitert letztlich in ihren wesentlichen Forderungen.

Ansätze einer eigenständigen ArbeiterInnenbewegung

Im selben Jahr gründet sich die frühsozialistische **Allgemeine Deutsche Arbeiterverbrüderung (ADA)** unter der Führung des Marx- und Engelsschülers **Stephan Born**. Die ADA gilt als Ursprung der gewerkschaftlichen und politischen ArbeiterInnenbewegung in Deutschland. Ihr Programm nimmt bereits damals hundert Jahre Arbeiter-Innenbewegung voraus: Sie fordern Demokratie, Mindestlöhne, freie Berufswahl, freie Wohnungswahl, Festlegung von Arbeitszeiten, das Koalitionsrecht und eine Einkommenssteuer.

Stephan Born ist zudem Mitherausgeber der zentralen Arbeiterzeitung „**Das Volk**".

In London hat sich bereits 1847, unter wesentlichem Einfluss von Marx und Engels, der **Bund der Kommunisten** gegründet.
Der Geheimbund ging aus dem **Bund der Gerechten** hervor.

International bestand der Bund bis 1852. Er gilt auch als Keimzelle aller späteren kommunistischen Parteien.

Die ersten Arbeitervereine

In den 1850er Jahren vollzieht sich Deutschlands Wandel von einem Agrar- zu einem Industriestaat. Die Industrialisierung geht schnell voran. Die Macht der Banken wächst. Aktiengesellschaften werden gegründet. Die Städte werden größer. Aus der sozialen Unterschicht, aus Gesinde und Tagelöhnern, aus Handwerkern und Gesellen erwächst nach und nach die lohnarbeitende Klasse.

Nach dem Sieg Preußens im Preußisch-Österreichischen Krieg 1866 löst sich der seit 1815 bestehende Deutsche Bund auf. Es folgt der Norddeutsche Bund unter der Regentschaft Preußens.

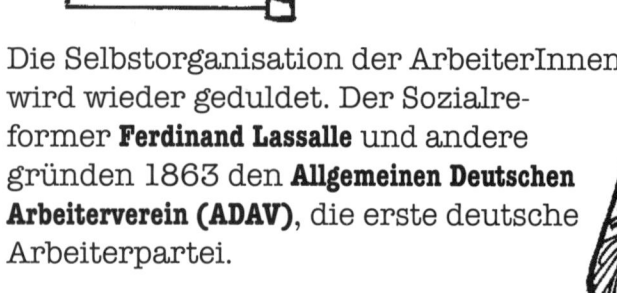

Die Selbstorganisation der ArbeiterInnen wird wieder geduldet. Der Sozialreformer **Ferdinand Lassalle** und andere gründen 1863 den **Allgemeinen Deutschen Arbeiterverein (ADAV)**, die erste deutsche Arbeiterpartei.

Eugen Richter ist Mitgründer des **VDAV**.

Als Reaktion darauf, gründet sich im selben Jahr der **Vereinstag Deutscher Arbeitervereine (VDAV)**, ein Dachverband von Arbeiterparteien, die (erfolglos) die Politisierung der Arbeiterschaft zu verhindern versucht und sich in Opposition zu Lasalle stellt. Zunächst noch dem national-bürgerlichen Denken verschrieben, bestreitet der VDAV erst später mit Karl Liebknecht und August Bebel einen eigenständigen, bzw. emanzipativ-marxistischen Weg.

Erste Internationale und ideologischer Grabenkampf

1864 folgt die Gründung der ersten Internationalen, der **Internationalen Arbei- terassoziation (IAA)** durch **Karl Marx, Michail Bakunin** u.a. in

Die Assoziation besteht aus verschiedenen politisch divergierenden Gruppen, die sich gleich am Anfang heftige Grabenkämpfe liefern. Während für die KommunistInnen der Staat ein notwendiges Übergangsinstrument zum Sozialismus darstellt, verweisen die AnarchistInnen darauf, das dies nur zu weiteren Herrschaftsverhältnissen führen kann. Der Streit führt später zum Ausschluss der AnarchistInnen aus der IAA.

Marx im kommunistischen Manifest über Gewerkschaften:
"Gleichzeitig, und ganz unabhängig von der allgemeinen Fron, die das Lohnsystem einschließt, sollte die Arbeiterklasse die endgültige Wirksamkeit dieser tagtäglichen Kämpfe nicht überschätzen. Sie sollte nicht vergessen, dass sie gegen Wirkungen kämpft, nicht aber gegen die Ursachen dieser Wirkungen ..."

Erste größere Gewerkschaftsorganisation und SDAP

Nachdem der charismatische Ferdinand Lasalle tot ist, streiten sich verschiedene Personen um die „Thronfolge" beim ADAV. 1867 setzt sich **Johann Baptist von Schweitzer** durch. 1868 gründet sich der **Allgemeine Deutsche Arbeiterverband** (ebenfalls **ADAV**), eine gewerkschaftliche Dachorganisation unter dem Vorsitz von Schweitzer. Hier organisieren sich sämtliche Branchen: Schneider und Bäcker, Zimmerer und Schuhmacher, Bau- und Metallarbeiter u.s.w.

1869 gründet sich die **Sozialdemokratische Partei (SDAP)** auf Initiative von **August Bebel** (rechts) und **Karl Liebknecht**. Sie geht aus der sächsischen Volkspartei, dem **VDAV** und Teilen der **ADAV** hervor.

Hirsch-Dunckersche Gewerkvereine

Als Reaktion auf die Gründung des Allgmeinen Deutschen Arbeiterverbandes spalten sich 1868 die **Hirsch-Dunckerschern Gewerkvereine** von den **klassenkämpferischen Gewerkschaften** ab. Sie stehen der liberalen **Fortschrittspartei** nahe.
Die Hirsch-Dunckerschen Gewerkvereine verfolgen einen bürgerlich-reformistischen Kurs. Streiks werden nur als letztes Mittel in Betracht gezogen.

Franz Duncker (links) und **Max Hirsch** (rechts) sind die Gründer und Namensgeber der **Hirsch-Dunckerschen Gewerkvereine**. Diese blieben bis zu ihrer Abschaffung durch die Nationalsozialisten 1933 eine kleine, aber eigenständige Gruppierung.

Deutsch-Französischer Krieg und Reichsgründung 1871

Der **deutsch-französische Krieg 1870/71** stürzt die Gewerkschaften in eine Krise. Durch ihre pazifistische Haltung isolieren sie sich politisch und verlieren Mitglieder.

1871 wird im Spiegelsaal von Versailles das **zweite deutsche Reich**, unter Vorherrschaft von Preußen, gegründet. Wilhelm I. wird zum Deutschen Kaiser proklamiert. Otto von Bismarck wird Reichskanzler.

Die Pariser Kommune

Frankreich 1871: Der verlorene Krieg gegen Deutschland, die monatelange, entbehrungsreiche Belagerung der Preußen und eine konservative Regierung, die sich um die Not der Menschen nicht schert, führt zum Aufstand: Es gründet sich die **Pariser Kommune**. Ziel der Kommunarden, eine bunte Mischung aus AnarchistInnen, KommunistInnen, Jakobinern und Patrioten, ist die Verwaltung von Paris nach sozialistischen Vorstellungen. Nach zwei Monaten wird die Rebellion blutig niedergeschlagen. Die Pariser Kommune sollte noch großen Einfluss auf die rätedemokratische Bewegung in Deutschland haben.

Inhaltliche Protagonisten des revolutionären Flügels der Pariser Kommune: Die Anarchafeministin **Louise Michel**, der kontroverse Frühsozialist **Pierre Joseph Proudhon** und der autoritäre Sozialist **Louis-Auguste Blanqui**.

10-Stunden-Tag und Zusammenschluss der Industriellen

Das Jahr 1873 zählt zu den Anfängen der tarifpolitischen Entwicklung der Arbeitszeit. Der damals erzielte Abschluss der Buchdrucker für den 10-Stunden-Tag war eine wichtige Etappe; durchschnittlich 82 Stunden in der Woche wurde in anderen Branchen gearbeitet.

Mittlerweile bekommen die Industriellen Angst vor der aufziehenden Gewerkschafts- und ArbeiterInnenbewegung und schließen sich 1875 zum **„Centralverband Deutscher Industrieller" (CDI)** zusammen. Sie versuchen ihren Einfluss auf den Staat zu stärken. Der Wille der Bourgeoisie, ihre durch Konkurrenz bedingte Zersplitterung durch Zusammenschlüsse zu überwinden, verfolgt das Ziel, die Macht der Gewerkschaften zu brechen.

Vereinigung der Arbeiterparteien

1875 verbünden sich SDAP und ADAV und gründen in Gotha die **Sozialistische Arbeiterpartei Deutschland (SAPD)**, die 1890 in **Sozialdemokratische Partei Deutschland (SPD)** umbenannt wird.

„Gewerkschaftliche Lokalvereine müssen sich zu Zentralverbänden zusammenschließen…"

„…und der Partei beitreten!"

„Die Lassallesche Sekte hat gesiegt…"

Auch wenn sich die neu gegründete Sozialistische Partei (hier: Karl Liebknecht, Wilhelm Hasenclever, der letzte Präsident des ADAV und August Bebel) als radikal versteht: Für Marx sind sie bloß Reaktionäre und Reformisten, die die Illusion verbreiten, mensch könne legalistisch eine Revolution bewerkstelligen.

Die **Vorwärts** ist das Zentralorgan der Sozialistischen Partei. **Karl Liebknecht** ist Chefredakteur.

Zuckerbrot und Peitsche Teil I: Das Sozialistengesetz

1878 wird ein Anschlag auf **Kaiser Wilhelm I.** verübt. Der Täter ist kein Sozialist. Aber Reichskanzler **Bismarck** nimmt den Anschlag zum Vorwand das **Sozialistengesetz** zu erlassen: Gewerkschaften und die SAPD werden verboten.
Bis 1888 werden insgesamt 17 gewerkschaftliche Zentralverbände, 78 gewerkschaftliche Ortsvereine und 1229 Druckschriften verboten und 23 Unterstützungskassen auf zentraler und lokaler Ebene eingezogen.

Bismarck betrachtet die **Sozialdemokratie** und die **Gewerkschaften** als Feinde seiner autoritären Staatsvorstellungen und fürchtet einen ähnlichen Aufstand wie in Frankreich die **Pariser Kommune.**.

Bismarck spricht von den Sozialisten auch gerne als **Ratten**, oder als **Ameisenhaufen, den man zertreten müsse**.

Arbeitskampf während des Sozialistengesetzes

In der Illegalität, die das Sozialistengesetz geschaffen hat, geht der ArbeiterInnenwiderstand weiter: Unter dem Deckmantel des Karitativen und beruflichen Fragestellungen finden verschiedene ArbeiterInnenassoziationen statt. „Unter dem Ladentisch" werden zudem weiterhin sozialistische Publikationen verkauft.

Nach wie vor sind auch die so genannten **Lokalisten** stark vertreten, Fachvereine von handwerklichen Berufen, die sich 1880 gegründet haben.

Im Gegensatz zu den Vorstellungen, die aus Richtung der SAPD kommen, lehnen die Lokalisten eine zentralistische Organisierung und überregionale Streikfonds ab und wollen statt dessen autonom und selbstbestimmt über ihre Aktionen entscheiden.

Zuckerbrot und Peitsche Teil II: Die Sozialgesetzgebung

Die Radikalisierung der ArbeiterInnen, die sich neben den staatlichen Repressionen aus der zunehmenden sozialen Not der ArbeiterInnen und den sich verschärfenden Klassengegensätzen erklären lässt, bringt die Regierung in arge Schwierigkeiten. Bismarck reagiert mit der Einführung von Sozialgesetzen, welche die Anfänge unserer heutigen Sozialgesetzgebung darstellen. Sie sollen neben dem Sozialistengesetz einem erstarkten Proletariat den Wind aus den Segeln nehmen.

1885 folgt das „**Unfallversicherungsgesetz**" (trägt der Arbeitgeber komplett).

1891 wird eine „**Rentenversicherung**" beschlossen. Das Renteneintrittsalter beträgt 70!!! Jahre.

1884 wird das „**Krankenversicherungsgesetz**" eingeführt (1/3 wird von den Arbeitgebern, 2/3 von den Arbeitnehmern getragen).

1889 „**Alters- und Invalidenversicherung**".

Nach dem Sozialistengesetz: Bildung der Freien Gewerkschaften

Bismarck scheitert in seinem Vorhaben, die erstarkende ArbeiterInnenbewegung zu stoppen: Trotz oder auch wegen der staatlichen Repressionen kommt es zu einer erhöhten Organisationsbereitschaft (1891 ist die Mitgliederzahl der Gewerkschaften auf 301.000 Menschen angestiegen. Das sind sechs Mal soviel wie noch vor dem Sozialistengesetz) und einer Radikalisierung der ArbeiterInnen.

Am 30. September 1890 wird das Sozialistengesetz wieder abgeschafft. Bismarck muss seinen Hut nehmen.

Es gründen sich die **Freien Gewerkschaften**.

Einer der folgenreichsten Streiks ist der **Bergarbeiterstreik von 1889** im Ruhrgebiet, der ein Auslöser für die Gründung von Bergarbeitergewerkschaften ist.

1905 wird **Ida Altmann** die erste Sekretärin des neu geschaffenen **Gewerkschaftliches Arbeiterinnensekretariats** der GGD. Sie engagiert sich Zeitlebens für eine sozialistisch orientierte **Frauenbewegung**.

Correspondenzblatt heißt das Zentralorgan der Freien Gewerkschaften.

Mit den Freien Gewerkschaften und dem überverbandlichen Gremium der Freigewerkschaftlichen Einzelverbände, der **Generalkommission der Gewerkschaften in Deutschland (GGD),** grenzen sich die sozialistischen Gewerkschaften von den liberalen Hirsch-Dunckerschen Gewerkvereinen und den christlichen Gewerkschaften ab. Unter **Carl Legien** entwickeln sich die Freien Gewerkschaften zur größten ArbeiterInnenorganisation Europas (1913 zählen sie mehr als 2,5 Mio. Mitglieder).

Vereinigung der Lokalisten

Während ein Großteil der Sozialdemokratie auf zentralistische Massengewerkschaften setzt, bleiben die Lokalisten ihrem Autonomieanspruch treu und organisieren sich 1897 alternativ im **„FVdG"**, der **„Freien Vereinigung deutscher Gewerkschaften"**.

Die FVdG ist föderal von unten nach oben, basisdemokratisch und antiautoritär aufgebaut, propagiert den revolutionären Sturz des Kapitalismus und lehnt eine Tarifpolitik ab. Statt einzelner Berufsinteressen, sollen Klasseninteressen mittels **direkter Aktionen** durch gesetzt werden. Anstatt sich mit den Errungenschaften von Tarifverträgen zufrieden zu geben, befürworten die Ortsvereine der FVdG einen kompromisslosen Arbeitskampf bis hin zum **Generalstreik**.

„Direkte Aktion" ist ein ökonomischer Eingriff, der zu DIREKTEN Erfolgen führen soll. Darunter fällt der Streik, der Boykott und auch die Sabotage.

1. Mai: ArbeiterInnenkampftag

Der **internationale Tag der Arbeit** oder auch der **Kampftag der ArbeiterInnenbewegung** ist eine Referenz an den 1. Mai 1886. An diesem Tag ruft die nordamerikanische ArbeiterInnenbewegung zur Durchsetzung des **8-Stundentags** zum **Generalsstreik** auf. In Chicago kommt es zu einem mehrtägigen Streik und zu gewalttätigen Auseinandersetzungen zwischen DemonstrantInnen und Polizei. Am 4. Mai eskaliert die Situation, als ein Unbekannter eine Bombe in die Reihen der Polizei wirft und einen Polizisten tötet. In der Folge kommt es zu einem Aufruhr, bei dem mehr als 200 ArbeiterInnen verletzt werden und eine unbekannte Zahl an Menschen getötet wird. Der Tag geht als **Haymarket Riot** in die Geschichte ein.

Auf dem Gründungskongress der **Zweiten Internationalen** 1889 wird der 1. Mai zum **Kampftag der Arbeiterbewegung** ausgerufen.
Seitdem kommt es auch in Deutschland zu Arbeitsniederlegungen am 1. Mai. In der Weimarer Republik wird der 1. Mai im Jahr 1919 zum **gesetzlichen Feiertag** ernannt (allerdings nur 1919 und dann erst wieder 1933).

Solidarische Ökonomie

Zur Jahrhunderwende schlüpfen die Gewerkschaften endgültig aus ihren Kinderschuhen und werden zu einer gewichtigen Massenorganisation mit politischem Einfluss. 1900 zählen sie 680.000, 1913 bereits mehr als 2,5 Millionen Mitglieder.

Längst sind die Gewerkschaften nicht mehr nur Lohneintreiber. Sie üben sich auch in der solidarischen Ökonomie und nehmen damit ein Stück Sozialismus voraus.

Mit den **„Genossenschaften"** z.B. stärken die ArbeiterInnen weiter ihre Stellung. Als wirtschaftliche Selbsthilfeorganisation der ArbeiterInnen im Konsum-, Bau- und Dienstleistungsbereich gedacht, sollen die Genossenschaften die Macht der ArbeiterInnen als KonsumentInnen zur Geltung bringen und durch günstige Preise ihre Lebenslage verbessern sowie den Solidaritätsgedanken stärken.

Der Schriftsteller und Anarchopazifist **Gustav Landauer** ist ein großer Verfechter der Genossenschaftsbewegung.

Genossen: Genossenschaften gründen!

Frauen und Gewerkschaften

Frauen sind damals wie heute gering in Gewerkschaften vertreten. Eine patriarchale Dominanzkultur (z.B. wurde das **Frauenwahlrecht** in Deutschland erst 1918 eingeführt) einerseits, sowie die durch die kapitalistische Produktionsweise bestehende Konkurrenzangst vieler Männer andererseits, haben es den Frauen zeitlebens schwer gemacht, Teil der aktiven ArbeiterInnenbewegung zu werden.

Seit 1911 ist der **8. März Weltfrauentag**.

Rosa Luxemburg: Sozialistische Theoretikerin und engagierte Antimilitaristin.

Emma Ihrer: Sozialistin, Feministin und Gewerkschafterin (GGD).

Clara Zetkin: Vertreterin der revolutionär-marxistischen Fraktion innerhalb der SPD. Aus Protest gegen die Burgfriedenspolitik der Partei schließt sie sich 1918 der USPD an. Anschließend geht sie für die KPD als Reichstagabgeordnete von 1920 - 1933 ins Weimarer Parlament.

Paula Thiede: 1890 beteiligt sie sich an der Gründung des „Vereins der Arbeiterinnen an Buch- und Steindruck-Schnellpressen", dem ersten Zentralverband der Gewerkschaftsgeschichte und einer der ersten gewerkschaftlichen Frauenorganisationen überhaupt.

1. Weltkrieg: Gewerkschaften und Rüstungsindustrie

1914 findet die „Urkatastrophe des 20. Jahrhunderts" statt: Der 1. Weltkrieg bricht aus. Die **SPD** unterstützt den Krieg unter dem Vorwand der „Vaterlandsverteidigung". Die Gewerkschaften werden solange geduldet, solange sie dem deutschen Kriegstreiben unterstützend zur Seite stehen. Streiks und Lohnforderungen werden eingestellt. Statt dessen helfen die SPD-nahen Gewerkschaften bereitwillig die Rüstungsindustrie zu organisieren.

... Sterben oder Siegen!
Deutscher kennt kein Unterliegen.
Knochen splittern, Fetzen fliegen.
So lebt der edle Kriegerstand.
Der Schweiß tropft in den Grabenrand,
das Blut tropft in den Straßenrand,
mit Gott, mit Gott, mit Gott,
mit Gott für König und Vaterland.
Kurt Tucholsky

Die freiwillige Organisation der Rüstungsindustrie durch die **GGD** resultiert aus einem nationalistischen Standortdenken: Neue Kolonien bedeuten neue Absatzmärkte, eine florierende Wirtschaft und mehr Arbeitsplätze für Deutsche.

Spaltung der Sozialdemokratie

Die absolute Mehrheit der **Sozialdemokraten** hat den Kriegskrediten zugestimmt. Zu den Befürwortern des Krieges gehört auch der spätere Reichspräsident **Friedrich Ebert**. Lediglich eine kleine Fraktion innerhalb der **SPD** um **Karl Liebknecht** lehnt das Kriegstreiben ab.

Nach und während des Krieges werden viele enttäuschte Sozialdemokraten die Partei verlassen. Die SPD verschreibt sich immer stärker der Reaktion.

Friedrich Ebert, löst **August Bebel** als Führer der **SPD** ab und läutet damit eine neue Ära ein.

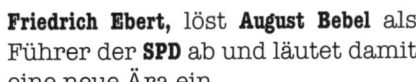
Genossen: Stimmt gegen Kriegskredite!

Karl Liebknecht und **Rosa Luxemburg** machen gegen den Krieg mobil. Aber die SPD ist von ihrem Kriegstreiben nicht abzubringen. **Luxemburg** und **Liebknecht** gründen 1916 den **Spartakusbund**. 1917 geht dieser in der **Unabhängigen Sozialdemokratischen Partei Deutschlands (USPD)** auf. 1919 sind sie Mitbegründer der **Kommunistischen Partei Deutschlands (KPD)**. Im selben Jahr werden sie ermordet.

Die Novemberrevolution

1918: Der Krieg ist zu Ende. Mehr als 10 Millionen Menschen lassen ihr Leben auf dem Schlachtfeld. Dreimal so viele werden verwundet. Anfang November kommt es zu einem spontanen revolutionären Aufbegehren im Reich. Kaiser Wilhelm II. muss abdanken und flieht in die Niederlande.

Schnell weg hier!

Der **Spartakusbund**, mit **Karl Liebknecht** und **Rosa Luxemburg** an der Spitze, ruft zur sozialistischen Revolution auf. Es kommt zu Aufständen. In allen deutschen Ländern danken die Fürsten daraufhin ab. Arbeiter- und Soldatenräte übernehmen die Regierung.

Der **Spartakusaufstand** wird von einem Bündnis aus Sozialdemokraten und rechtsradikalen Freikorps blutig niedergeschlagen.

Weimarer Republik und 8-Stundentag

Am 9. November 1918 ruft der Sozialdemokrat **Phillip Scheidemann** die **Weimarer Republik** aus.

Immerhin: Die älteste Forderung der ArbeiterInnenbewegung, der **8-Stundentag**, wird noch 1918 als Ergebnis des **Stinnes-Legien-Abkommens** (Vertrag zwischen Gewerkschaften und Industrie) durch den **Rat der Volksbeauftragen** (MSPD und USPD) gesetzlich eingeführt. Das Stinnes-Legien-Abkommen bedeutet auch den Anfang der so genannten „**Sozialpartnerschaft**" zwischen ArbeitnehmerInnen und ArbeitgeberInnen.

Hugo Stinnes (links), Vertreter des Kapitals, und **Carl Legien** (rechts), Vertreter der Arbeit, geben sich versöhnlich. Laut **Marx** u.a. beruhen solche „Sozialpartnerschaften" auf einer Illusion.

Die Rätebewegung

Mit der Weimarer Republik hat sich eine bürgerliche Demokratie durchgesetzt. Die Sozialisten aber drängen weiter auf einen radikalen Umbruch. **1919** ist die sozialistische **Rätebewegung** stark. In Bayern wird die **Münchner Räterepublik** ausgerufen. In dieser wählt mensch, im Gegensatz zur bürgerlich-parlamentarischen Demokratie, keine VertreterInnen, sondern Delegierte. Diese unterliegen einem imperativen Mandat der Basis. So ist eine Demokratie von unten nach oben möglich.

Kurt Eisner (USPD) wird 1919 von der Reaktion ermordet. Zuvor wurden ebenfalls Rosa Luxemburg und Karl Liebknecht erschossen.

Die Anarchopazifisten Gustav Landauer und **Erich Mühsam** kämpfen in München für eine Räterepublik nach libertären Vorstellungen. Landauer wird 1919 von Freikorps erschossen. Mühsam wird 1934 im KZ Oranienburg ermordet.

Neuer Dachverband für die freien Gewerkschaften

1919 gründet sich der **Allgemeine Deutsche Gewerkschaftsbund (ADGB)** auf dem ersten Nachkriegskongress der Freien Gewerkschaften in Nürnberg. Der **ADGB** versteht sich als neuer Dachverband in der Tradition der **Generalkommission der Gewerkschaften**. Zunächst gleichermaßen offen für SPD- wie für-KPD Mitglieder, werden ab 1929 KPDler aus dem Dachverband ausgeschlossen.

Als Grund wird der auf Drängen der Sowjetunion erfolgte KPD-Beschluss genannt, grundsätzlich mit konkurrierenden Listen bei Betriebswahlen anzutreten.

Carl Legien ist seit 1890 Vorsitzender des **GGD** und ab 1919 Vorsitzender der **ADGB**.

Der ADGB ist ein Zusammenschluss von 52 Gewerkschaften und unterhält zudem Kooperationsverträge mit dem **Allgemeinen freien Angestelltenbund (AfA-Bund)**, der sich 1920 gründen wird und dem **Allgemeinen Deutschen Beamtenbund (ADB)**.

1919 organisieren sich 1,2 Millionen Frauen (21,7%) im ADGB. Mit dem Legien-Nachfolger **Theodor Leipart** geht ab 1921 die Zahl der organisierten Frauen wieder zurück. Die antiemanzipative Politik Leiparts in dieser Zeit stößt viele Frauen vor den Kopf.

Anarchosyndikalismus in Deutschland

In der Kontinuität der Vereinigung der Lokalisten, der **FVdG,** gründet sich in Berlin die anarchosyndikalistische **Freie Arbeiter Union Deutschlands (FAUD)**. **Rudolf Rocker** verfasst das Grundsatzprogramm und lehnt sich in diesem stark an die libertär-kommunistischen Vorstellung von **Pjotr Kropotkin** an. **Anarchosyndikalismus** setzt sich aus **Anarchismus** („Keine Herrschaft") und **Syndikalismus** (Gewerkschaft) zusammen.

Augustin Souchy ist Aktivist der **FAUD.** Unter den **Nazis** flieht er ins Exil und beteiligt sich im **spanischen Bürgerkrieg 1936** am antifaschistischen Kampf.

Ideengeber: Pjotr Kropotkin (oben) und Rudolf Rocker (Mann mit Brille, unten)

36

Hirsch-Dunckersche und christliche Gewerkschaften

In Abgrenzung zu den sozialistischen Gewerkschaften haben sich bereits 1901 die christlichen Gewerkschaften zum **Gesamtverband der christlichen Gewerkschaften Deutschlands (GCG)** zusammen getan. Dabei kommt es immer wieder zum Streit über den interkonfessionellen Charakter der Gewerkschaft. Ab 1920 organisieren sich die christlichen Gewerkschaften unter dem Dachverband des **Deutschen Gewerkschaftsbund** (**DGB** - nicht zu verwechseln mit dem DGB, der sich 1949 in der Bundesrepublik gründet). Einer ihrer Hauptbestrebungen ist die Verhinderung einer sozialistischen (antiklerikalen) Revolution. Allgemein sind die christlichen Gewerkschaften nie mehr als eine Randerscheinung.

Die Revolution verhindern!

Adam Stegerwald, Spitzenfunktionär des **DGB** und unerbittlicher Gegner der **Rätebewegung**.

Wichtiger: Hitler verhindern!

Die **Hirsch-Dunckerschen Gewerkvereine** gewinnen auch in den 20er Jahren keine besondere Bedeutung mehr. Politisch stehen sie der sozialliberalen **Deutschen Demokratischen Partei (DDP)** nahe. **Anton Erkelenz** ist gleichzeitig Vorsitzender der DDP und der Gewerkvereine. Der Übertritt Erkelenz' von der DDP zur SPD 1930 spiegelt symbolisch den Niedergang des Liberalismus in der Weimarer Republik wieder.

Ruhrstreik, Kapp-Putsch und Generalstreik

Die dominierenden **ADGB-Gewerkschaften** haben sich auf eine „**Politik des Burgfriedens**" eingelassen. Den BergarbeiterInnen reicht das nicht: 1919 gehen sie gegen den Willen der Gewerkschaften in den Streik. Es kommt zu bürgerkriegsähnlichen Auseinandersetzungen zwischen Bergleuten und **rechtsradikalen Freikorps**. Der Aufstand wird blutig niedergeschlagen („**Essener Blutsonntag**"). 1920 versuchen die selben Freikorps die Republik zu putschen. **Wolfgang Kapp** ernennt sich zum Reichskanzler. Sozialdemokratie und Gewerkschaften rufen den Generalstreik aus. Dies und der politische Dillentantismus der Putschisten lässt den Putsch scheitern.

Politik des Burgfriedens: Im selben Jahr tritt das **Betriebsrätegesetz** und damit die Verrechtlichung und Institutionalisierung der ArbeiterInnenvertretung und Tarifauseinandersetzungen in Kraft. Damit versucht die gerade an die Macht gelangte **Sozialdemokratie** den revolutionären Gewerkschaften und Parteien den Wind aus den Segeln zu nehmen.

38

Hyperinflation und Rationalisierungsbewegung

Die wirtschaftliche Lage der Republik verschlechtert sich. Es herrscht eine **Hyperinflation**. Produktionsprozesse werden zusehends automatisiert. Charakteristisch ist hierbei das von **Ford** eingeführte **Fließband**. Die **„Rationalisierungsbewegung"** etabliert den „angelernten Spezialarbeiter" als neuen Beruf und verringert in der Tendenz die Bedeutung der gelernten wie auch der ungelernten Beschäftigten.

Billige Arbeit: Die verhältnismäßig leichte Fließbandarbeit führt auch dazu, dass immer mehr Frauen und Kinder in Arbeit kommen. Ihr Lohn beträgt derweil einen Bruchteil dessen, was ein Mann bekommt.

Kaum ist der Lohn ausgezahlt, rennen die Menschen in die Läden: Ein paar Minuten später und mensch bekommt nur noch die Hälfte der Ware für dasselbe Geld.

„Goldene Jahre" ...

Ab 1924 geht es in Deutschland wirtschaftlich und kulturell wieder bergauf. Die Einführung der **Rentenmark** stoppt die Hyperinflation und der **Versailler Vertrag** (der die Reparationszahlungen und Gebietsabtretungen zwischen Deutschland und der Triple Entente - Vereinigtes Königreich, Frankreich und Russland - regelt) wird an die Möglichkeiten der deutschen Wirtschaft angepasst.

1927 löst die Arbeitslosenversicherung die Erwerbslosenfürsorge ab und wird mit dem **Gesetz über Arbeitsvermittlung und Arbeitslosenversicherung** installiert.

... und „schwarzer Freitag"

24. Oktober 1929: **„Der schwarze Freitag"** in New York stürzt die Aktienkurse an der Börse in den Keller. Als Grund werden schnell die weltweite Überproduktion, ein Konjunkturabschwung und eine überhitzte Spekulation ausgemacht. Amerikanische Banken ziehen ihre Kredite aus dem Ausland zurück um einen eigenen Bankrott zu vermeiden. Deutschland wird davon besonders hart getroffen: Banken und Unternehmen brechen zusammen und die Arbeitslosigkeit steigt drastisch an.

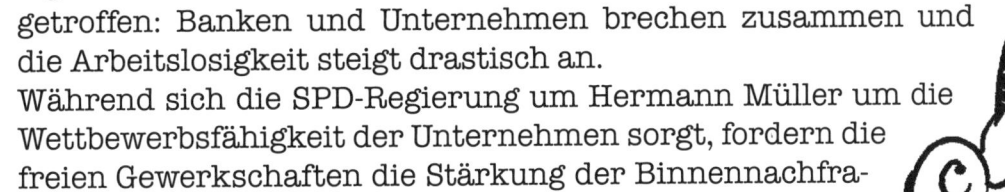

Während sich die SPD-Regierung um Hermann Müller um die Wettbewerbsfähigkeit der Unternehmen sorgt, fordern die freien Gewerkschaften die Stärkung der Binnennachfrage.

Außerdem fordern sie die Sicherung und „gerechte" Verteilung der noch bestehenden bzw. zu verteilenden Arbeitsplätze. Das wollen sie durch eine Arbeitszeitverminderung, die Einführung der 40-Stunden Woche, erreichen.

Kommunistische Gewerkschaften

1928 beschliest die **Rote Gewerkschafts-Internationale (RGI)** einen ultralinken Kurs gegen die „Sozialfaschisten", wie sie die Sozialdemokratie nennen, innerhalb des ADGB. 1929 gehen sie zur prinzipiellen Opposition über und gründen die **Revolutionäre Gewerkschafts-Opposition (RGO).** Letztlich untersteht die Gewerkschafts-Opposition der Kommunistischen Partei der KPD und damit den Sowjets in Russland, wo Stalin die Zügel in den Händen hält. Zu Ihrem Höhepunkt 1931 zählen sie 322.000 Mitglieder. 1932 macht die RGO gemeinsame Sache mit den Nationalsozialisten und bestreikt die Berliner Verkehrsbetriebe.

Abgesehen von der Zusammenarbeit der Faschisten und Stalinisten 1932 in Berlin stehen sich die Lager jedoch feindlich gegenüber: Auf den Straßen finden bürgerkriegsähnliche Straßenkämpfe zwischen der faschistischen **Sturmabteilung (SA)** und dem kommunistischen **Frontkämpferbund (RFB)** statt. An den Straßenkämpfen beteiligten sich auch die **Schwarzen Scharen**, die antifaschistische Widerstandsorganisation der Anarchisten und Anarchosyndikalisten und der von Sozialdemokraten dominierte **Reichsbanner Schwarz-Rot-Gold** (später **Eiserne Front**).

Das Ende der Republik

Nicht zuletzt auf Grund der sich weiter verschärfenden Wirtschaftskrise gelingt der faschistischen **Nationalsozialistischen Arbeiterpartei (NSDAP)** bei den Wahlen 1930 ein erdrutschartiger Stimmenzuwachs: Mit 18,3 % steigen sie zur zweitstärksten Partei in Deutschland auf.

Durch eine **Notverordnung** werden die Löhne der ArbeiterInnen weiter gedrückt, was vor allen Dingen im Ruhrgebiet die Not der Menschen verschärft.

1932 löst **Reichskanzler Franz von Papen** (Zentrumspartei) den Reichstag auf, nachdem mit großer Mehrheit ein Misstrauensvotum gegen ihn durchgeführt wurde. Am 20. Juli setzt er die Regierung von Preußen ab **(Preußenschlag)**.

Nach erfolglosen Neuwahlen tritt von Papen ab. Kurzzeitiger Nachfolger wird Kurt von Schleicher.

Der Kleine weiß nicht was er tut! Hei, hie...

Am 30. Januar 1933 wird der Nationalsozialist **Adolf Hitler** von **Reichspräsident Paul von Hindenburg** zum Reichskanzler ernannt. Die **Reichstagsbrandverordnung** und das **Ermächtigungsgesetz** führen direkt in die **Diktatur des Nationalsozialismus**.

Politik der Anbiederung

Nach der Machtergreifung der Nationalsozialisten versuchen die Freien Gewerkschaften ihre Organisation zu retten, indem sie sich an die NSDAP anbiedern. Im April 1933 bieten sie sogar an, sich „in den Dienst des neuen Staates zu stellen". Gleichzeitig distanziert sich der Vorsitzende des ADGB, **Theodor Leipart** von der SPD und verkündet, die Organisation sei „politisch neutral". Höhepunkt dieser Politik ist der Aufruf des Bundesvorstandes zur Teilnahme am **„Feiertag der nationalen Arbeit"**, zu dem die Nazis den 1. Mai umbenannt haben.

Trotz Kniefall vor Hitler: Die Gewerkschaften werden am 2. Mai zerschlagen. Die Gewerkschaftsführer werden auf der Stelle ermordet oder kommen ins **Konzentrationslager**.

Einheitsverband im Nationalsozialismus

Von nun an gibt es keinen Klassenkampf mehr...

...sondern nur noch RASSE!

Doch Hitler verbietet in der Folge jede Form von „freier" Gewerkschaft. Die Gewerkschaftshäuser werden von SA und der **Nationalsozialistischen Betriebszellenorganisation (NSBO)** besetzt. Die Gewerkschaftsvermögen werden konfisziert und zahlreiche Gewerkschaftler misshandelt und ermordet.

Am 10. Mai 1933 wird durch die Übernahme der freien Gewerkschaften, ihres Vermögens und unter Abschaffung des Streikrechts die **Deutsche Arbeitsfront (DAF)** gegründet, die Arbeitnehmer und Arbeitgeber gleichermaßen organisiert. Die DAF bestand bis Kriegsende 1945.

1933 scheint der Kapitalismus in Deutschland den Punkt erreicht zu haben, nachdem laut Marx historisch notwendig der Kommunismus die Menschen auf eine neue Stufe der Zivilisation stellt. Statt dessen haben sich Barbarei und Rassehass in Deutschland durchgesetzt.

Darf ich mich einmi-schen?!
Ich bin 1945 18 Jahre jung, als Deutschland durch die ...
(weiter blättern!)

Paul-Wolf-Str.

47

Kriegsende und Befreiung vom Nationalsozialismus

... **Aliierten Streitkräfte (USA, Frankreich, England und die Sowjetunion)** vom Nationalsozialismus befreit wird.

Deutschland trägt die Hauptverantwortung für die schlimmste Barbarei der Menschheitsgeschichte: 55 bis 60 Millionen Menschen sterben. Die **Shoa** kostet allein in Deutschland über 6 Millionen Juden das Leben. Mit der Befreiung Deutschlands wird das Land in vier Besatzungszonen eingeteilt.

Der Nationalsozialismus ist zerschlagen: In Nürnberg finden zwischen 1945-1949 die sog. **Hauptkriegsverbrecherprozesse** vor einem amerikanischen Militärgerichtshof statt.

Die Teilung Deutschlands: BRD und DDR

Von unserer Außenpolitik wird alles abhängen.

In der Kaiserzeit und der Weimarer Republik gehört **Konrad Adenauer** (links) der **Zentrumspartei** an. 1917-1933 ist er Oberbürgermeister von Köln.

Wilhelm Pieck (unten) ist zunächst **SPD-**, dann **KPD**-Mitglied. Er ist Mitbegründer der heute noch existierenden **Internationalen Roten Hilfe (IRH)**. Die IRH ist eine kommunistische Hilfsorganisation, die Kampagnen zur Unterstützung von kommunistischen Gefangenen durchführt und Material zur humanitären Hilfe sammelt.

Während am 7. Oktober 1949 in der Sowjetzone die **Deutsche Demokratische Republik (DDR)**, eine pseudosozialistische Staatsdiktatur entsteht, wird im Westen Deutschlands am 23. Mai 1949 die **Bundesrepublik Deutschland (BRD)**, eine parlamentarische Demokratie, gegründet. Die Befürworter einer sozial verpflichteten Marktwirtschaft setzen sich im Westen gegen die 1945 zunächst dominierenden Sozialisierungspläne durch. In der BRD wird der **Christdemokrat Konrad Adenauer** erster Bundeskanzler der Republik. Im Osten wird **Wilhelm Pieck (Sozialistische Einheitspartei Deutschland - SED)** Präsident der DDR.

Mit der Teilung Deutschlands zeichnet sich auch immer stärker der **Ost-West-Konflikt** ab, der bestimmend für die Weltpolitik der nächsten 40 Jahre sein wird.

Gewerkschaftsreorganisation in Ost (FDGB) ...

Während die westlichen Alliierten den Wiederaufbau der Gewerkschaften nur zögerlich und nach und nach zustimmen, bildet sich in der Sowjetzone schnell der **Freie Deutsche Gewerkschaftsbund FDGB**, die allerdings der Doktrin der SED unterworfen ist und somit kaum noch als Gewerkschaft im eigentlichen Sinne verstanden werden kann. Der FDGB ist Mitglied des **Weltgewerkschaftsbunds (WGB)** - ein 1945 gegründeter Zusammenschluss aller sozialistischen Gewerkschaften weltweit.

Herbert Warnke ist erster Vorsitzender des FDGB und Mitglied des **Politbüros des Zentralkomitees der SED.**

Das Organ des Gewerkschaftbundes ist die „**Tribüne**".

Der FDGB hat eine eigene Hochschule, die **Gewerkschaftshochschule „Fritz Heckert"** in Bernau bei Berlin. Hier werden zukünftige Gewerkschaftsfunktionäre ausgebildet. Zu sehen ist die Sporthalle (darüber der Hörsaal).

... und West (DGB)

1949 gründet sich der **„Deutsche Gewerkschafts Bund" (DGB)**, konzipiert als Einheitsgewerkschaft. Einer der hervorstechenden Gründungsväter ist **Hans Böckler**.
Noch im selben Jahr spaltet sich die **„Deutsche Angestellten Gewerkschaft" (DAG)** ab.
1949 spaltet sich auch der **Internationale Bund Freier Gewerkschaften (IBFG)** von der WGB ab. Die IBFG versammelt alle westlich-demokratischen Gewerkschaften.

Die DAG wird durch die Vereinigung von fünf Angestelltenverbänden in den drei Westzonen in Suttgart gegründet. In ihr organisieren sich 215.000 Beschäftigte.

Ich war Gründungsmitglied!

Hans Böckler: Seit 1894 ist er SPD- und **DMV-Mitglied (Deutscher Metallarbeiter Verband)**. Nach den beiden Weltkriegen, an denen er mehr oder weniger aktiv teilnimmt, unter Hitler aber immer wieder in Haft kommt, spielt er eine wichtige Rolle beim Wiederaufbau der Gewerkschaften im Westen Deutschlands.

Soziale Marktwirtschaft und „Wirtschaftswunder"

Dank Währungs- (Einführung der D-Mark) und anderen wirtschaftspolitischen Reformen unter der Weichenstellung von Wirtschaftsminister Ludwig Erhard, geht es in Westdeutschland wirtschaftlich bergauf.

Rechts: Erhard wird sich mit seinen vorstellungen einer **„sozialen Marktwirtschaft"** durchsetzen. Gewerkschaften und SPD fechten zu der Zeit noch für einen Mittelweg zwischen Kapitalismus und Planwirtschaft.
Links: 1947 gründet sich die **Föderation der freiheitlicher Sozialisten (FFS)**. Wenngleich die FFS keine Gewerkschaftsinitiative darstellt, beherbergt sie doch einige der (wenigen) überlebenden Anarcho-syndikalistInnen.

In den 40ern gibt es noch **„Hungermärsche"**. Das **„Wirtschaftswunder"** beschert den Menschen wieder volle Läden.

1950 stellen sich die Arbeitgeber mit der Gründung der **„Bundesvereinigung der Deutschen Arbeitgeberverbände" (BDA)** auf. Erster Präsident ist Dr. Walter Raymond.

Montan-Mitbestimmungsgesetz

1951 kommt es zum **„Mitbestimmungsgesetz"** in der Montanindustrie, nachdem mit heftigen Streiks gedroht und z.T. auch gestreikt wird. Das Montan-Mitbestimmungsgesetz ist ein Gesetz über die Mitbestimmung der ArbeitnehmerInnen in Aufsichtsräten und Unternehmen im Bergbau sowie in der eisen- und stahlerzeugenden Industrie (dem Industriezweig, der auch den Allierten besonders wichtig ist). Es gilt als Meilenstein in der Geschichte der betrieblichen Mitbestimmung.

Sie dürfen mitbestimmen: Soll ich mein Büro Azurblau oder Zitronengelb streichen lassen.

Die **Montanindustrie** ist Motor des Wirtschaftswunders und ein wichtiger industrieller Arbeitsplatz. Seit den 1970ern tritt eine Welle von **Kohle-** und **Stahlkrisen** auf, die zu massiven Arbeitsplatzverlusten führt. Das Ruhrgebiet, als wichtigster Montanstandort, ist am stärksten betroffen.

1952 wird nach Streiks das **„Betriebsverfassungsgesetz"** erlassen, welches die Mitbestimmung über die Montanindustrie hinaus regelt. Es stellt die grundsätzliche Ordnung der Zusammenarbeit von ArbeitgeberInnen und von den ArbeitnehmerInnen gewählten betrieblichen Interessenvertretungen dar.

Neue Heimat Teil 1 und Politischer Streik in der DDR am 17. Juni

1952 wird **„Die neue Heimat"**, ein gewerkschaftseigenes Wohnungsunternehmen, das unter den Nazis enteignet worden war, dem DGB durch die britische Besatzungsmacht übergeben.

In den Tagen um den **17. Juni 1953** kommt es in der **DDR** zu Streiks, Demonstrationen und Protesten. Hintergrund ist der Unmut über die **Normerhöhung** (mehr Arbeit für gleichen Lohn) für die ArbeiterInnen und eine absehbare Verschlechterung der Lebensbedingungen der Menschen u.a.. Der **FDGB**, als Instrument der **SED-Regierung**, stützt pikanter Weise diesen Staatskurs. Der aufkommende Protest findet nicht zuletzt durch eine Rundfunkansage über den **RIAS (Rundfunk im amerikanischen Sektor)** des Berliner **DGB-Vorsitzenden Ernst Scharnowski** in der ganzen DDR Verbreitung.

Am 17. Juni wird der Aufstand durch den Einmarsch der **Roten Armee** niedergeschlagen. Dabei kommt es zu mehreren Toten (u.a. durch Hinrichtungen).

Lohnfortzahlung im Krankheitsfall

1956 streiken die Metaller in Schleswig Holstein. Der Streik ist mit 114 Tagen einer der längsten und in seinem Ergebnis, der Einführung der **Lohnfortzahlung im Krankheitsfall** auch für ArbeiterInnen, einer der folgenreichsten und denkwürdigsten Arbeitskämpfe.

Dieser Betrieb wird bestreikt

Dangbe!

Willi Richter - Sozialdemokrat, ehemals ADGB-Bezirkssekretär und während der NS-Zeit als Handelsvertreter tätig, ist zwischen 1956 und 1962 **DGB-Vorsitzender**. Er war maßgeblich an der Verabschiedung der Mitbestimmungsgesetze in Deutschland beteiligt.

5-Tage-Woche und „Kampf dem Atomtod"

Im Zeichen des „Wirtschaftswunders" und einer aktiven Lohnpolitik treten die DGB-Gewerkschaften selbstbewsst auf: Unter dem Motto **„Samstags gehört Vati mir"** startet der DGB 1956/57 eine Kampagne. Gefordert wird die **5-Tage-Woche** mit einem **8-Stunden-Tag.** Wer kennt nicht das Plakat mit dem kleinen Jungen, der den Samstag für sich und seinen Vater einfordert?!

Während sich zwischen den alliierten Westmächten und der Bundesrepublik zusehends eine „Versöhnung" abzeichnet, verschärft sich der Konflikt zwischen Ost und West. Bundeskanzler Adenauer möchte Deutschland, mit Zustimmung der West-Allierten, zu einer Atommacht aufrüsten.

1. MAI

Gegen die Wiederbewaffnung im allgemeinen und gegen die Aufrüstung mit Atomwaffen im Speziellen bildet sich eine breite Front im Land: Die Anfänge der **Friedensbewegung** und der **Ostermärsche.** Der **DGB** schließt sich zögerlich den Protesten an.

Kampf dem Atomtod

Praxis der Aussperrung und Berliner Mauer

In den 60er Jahren kommt es zu Diskussionen über die Legitimität und die rechtliche Regelung der Arbeitgeberpraxis der **„Aussperrung"** (vor allen Dingen der Massenaussperrung). Diese bedeutet die vorübergehende Freistellung von ArbeiterInnen von der Arbeit im Rahmen eines Arbeitskampfes, ohne dass die ArbeiterInnen in der Zeit entlohnt werden würden.

So geschehen während des zweiwöchigen Arbeitskampfs 1963 in der baden-württembergischen Metallindustrie: 120.000 Streikende und 250.000 Ausgesperrte ArbeiterInnen!

Trotzdem: Am Ende erreichen sie eine Lohnsteigerung von 5% und weitere 2% im Jahr 1964.

1961 versinnbildlicht der **Bau der Berliner Mauer** die Teilung Deutschlands.

Antifaschismus der DGB-Gewerkschaften

Ludwig Erhard: Als Wirtschaftsminister und Wegbereiter der „sozialen" Marktwirtschaft gefeiert, bleibt er als Bundeskanzler glücklos.

1963 löst der bisherige Wirtschaftsminister und Vizekanzler **Ludwig Erhard (CDU)**, Konrad Adenauer als Bundeskanzler ab. Eine sich anbahnende **Wirtschaftskrise**, das **Erstarken der Faschisten** (die **Nationaldemokratische Partei Deutschlands - NPD -** überspringt Mitte der 60er bei verschiedenen Wahlen die 5%-Hürde und ist in insgesamt 7 Landesparlamenten vertreten) und die Unfähigkeit, die **NS-Täter** vor Gericht zu stellen, ...

Nie wieder Faschismus!

... lässt viele Menschen Weimarer Verhältnisse und damit ein Scheitern der Demokratie befürchten. Der DGB mischt sich auch nach der letztlich erfolglosen „Kampf-dem-Atomtod-Kampagne" in die politischen Verhältnisse ein und beschließt u.a. **die Unvereinbarkeit einer Mitgliedschaft** in der NPD und dem DGB. Zudem fordern sie das **Verbot der NPD**.

NPD deutsch+doof

58

Protest gegen die Notstandsgesetzgebung

Am 30. Mai 1968 beschließt die große Koalition aus CDU und SPD das **Notstandsgesetz.** Daraufhin bildet sich die **„Außerparlamentarische Opposition" (APO),** eine Bewegung von Studierenden, die von Parteipolitik nichts wissen möchten. Getragen wird die APO durch den **SDS,** den **Sozialistischen Deutschen Studentenbund.**

Der DGB protestiert für ein uneingeschränktes Streikrecht und die freie Berufswahl. Der linke Flügel des DGB sympathisiert mit der APO. Es gibt aber keinen Schulterschluss zwischen StudentInnen und Gewerkschaften, wenngleich die Studierenden durchaus Einfluss auf die Gewerkschaften ausüben: So verhilft das Aufbrechen alter Strukturen in der Bundesrepublik den Gewerkschaften zu mehr Akzeptanz gegenüber ihren Arbeitskämpfen und Reformwünschen.

1966 wird der „Schöngeist" **Kurt Georg Kiesinger (CDU)** Bundeskanzler, der aufgrund seiner Nazi-Vergangenheit scharf attackiert wird.

68er Bewegung

1968 erreicht die aufbrechende **linke Studierenden-** und **Bürgerrechtsbewegung** ihren Höhepunkt. Vor allen Dingen in den **USA**, wo in diesem Jahr der Bürgerrechtler **Martin Luther King** erschossen wird und in der Folge massive Friedensproteste stattfinden und in **Frankreich**, wo u.a. die **Pariser Universität Sorbonne** besetzt wird und 10 Mio. Menschen im **Generalstreik** sind, scheint 1968 alles möglich zu sein. In Deutschland handelt es sich in den 60er Jahren vor allen Dingen um Studierende, die aufbegehren. Ihr Protest richtet sich gegen den **Krieg der Amerikaner in Vietnam**, gegen jede Form von **Autorität** (dabei sind sie selbst oft autoritär), für die **Gleichstellung von Minderheiten** und die **sexuelle Freiheit**. Verschiedene „Unterbewegungen" (nicht Nebenwidersprüche) werden revitalisiert: Eine **neue Frauenbewegung, die Friedensbewegung, die Schwulenbewegung, die Hippies** und eine **Bildungsbewegung** u.a..

Richtungsstreit im DGB

In den 60er Jahre bilden sich in den **DGB-Gewerkschaften** immer stärker zwei Positionen heraus: Die der Reformisten (**IG-Bau-Steine-Erden** u.a.) und die eines etwas radikaleren Flügels, der in seinen Forderungen gar nicht so weit von den linken Studierenden entfernt ist. Dieser radikalere Flügel wird durch die **IG Metall** und die **IG Chemie, Papier, Keramik** repräsentiert. Sie argumentieren, dass sich die Rolle des Arbeiters in der Gesellschaft nicht verändert hat: Er ist nach wie vor von der Verfügungsgewalt über die Produktionsmittel ausgeschlossen und besitzt einzig seine Arbeitskraft als Einkommensquelle.

Deswegen fordert dieser Teil der DGB-Gewerkschaften weiterhein eine Überführung der Produktionsmittel in das Gemeineigentum.

Sozialpartnerschaft!

Klassenkampf!

Die Streikfreudigen **Metaller** erreichen 1967 die Einführung der **40-Stunden-Woche**. Ebenso die **holzverarbeitende Industrie**.

Mitbestimmung der Arbeitnehmer stärken!

Georg Leber (oben): Vorsitzender der IG Bau und Angehöriger des rechten Flügels innerhalb des DGB. Leber ist später als Bundesminister unter Kiesinger, Brandt und Schmidt tätig. Er hält den Metaller Brenner für ein Fossil aus der „untergegangenen Welt des Marxismus." Vorsitzender des DGB ist zu der Zeit **Ludwig Rosenberg** (rechts).

Otto Brenner (oben): Auch „Otto der Eiserne" genannt, ist bis heute eine Legende bei den MetallarbeiterInnen. In den 60er ist er Vorsitzender der IG Metall, der damals größten Einzelgewerkschaft der Welt. Brenner gehört dem linken Flügel innerhalb des DGB an.

Terror von oben ...

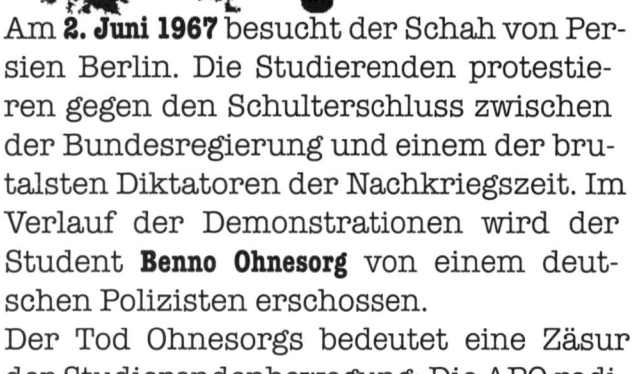

Am **2. Juni 1967** besucht der Schah von Persien Berlin. Die Studierenden protestieren gegen den Schulterschluss zwischen der Bundesregierung und einem der brutalsten Diktatoren der Nachkriegszeit. Im Verlauf der Demonstrationen wird der Student **Benno Ohnesorg** von einem deutschen Polizisten erschossen.

Der Tod Ohnesorgs bedeutet eine Zäsur der Studierendenbewegung: Die APO radikalisiert sich. Es kommt in der Folge immer häufiger zu gewaltsamen Auseinandersetzungen zwischen DemonstrantInnen und PolizistInnen.

Aus Sicht einiger Studierender hat der faschistische Staat an diesem Tag seine Maske fallen lassen. Es gilt den Staat und damit den Faschismus in Deutschland zu bekämpfen. Mit allen Mitteln.

1970 gründet sich die **Rote Armee Fraktion (RAF)**, eine militante Stadtguerilla.

1972 geht mit der „**Bewegung 2. Juni**" eine weitere, maoistische Stadtguerilla aus den Ereignissen um 1968 hervor.

Sympathisieren Teile des DGB noch mit der 68er-APO, ist die Haltung gegenüber der Stadtguerilla entschieden ablehnend.

Das Logo der „**Bewegung 2. Juni**" (oben). Die RAF-TerroristInnen **Andreas Baader** und **Gudrun Ensslin** (links). Beide sterben 1977 in der Justizvollzugsanstalt **Stammheim**.

... und unten

Der Tatort vor dem SDS-Büro am Kurfürstendamm in Berlin: Von Dutschke sind nur noch die Schuhe und die Umkreidung der Polizei zu sehen.

Am 11. April 1968 wird **Rudi Dutschke** von einem Rechtsextremisten angeschossen. Dutschke überlebt, stirbt aber 1979 an den Folgen der Schüsse.

Verantwortlich für das Attentat wird auch die Springerpresse gemacht, die zuvor gegen den vermeintlichen „Studentenführer" gehetzt hatte. Am Abend wird das Springer-Gebäude von aufgebrachten Studierenden belagert und die Enteignung des Konzerns gefordert. Ulrike Meinhof wirft in dieser Nacht ihren ersten Stein.

Insgesammt gehen 34 Morde auf das Konto der RAF. 1998 löst sich die Gruppe selbst auf.

Die Journalistin und RAF-Terroristin **Ulrike Meinhof** wird 1972 gefasst und in Isolationshaft nach Stuttgart überführt. Am 9. Mai 1976 wird sie tot in ihrer Zelle aufgefunden. Die Todesursache ist bis heute ungeklärt.

Arbeitgeberpräsident und BDI-Vorsitzender **Hanns Martin Schleyer** wird 1977 von der RAF entführt. Er soll im Austausch mit der inhaftierten 1. Generation der TerroristInnen wieder freigelassen werden. Die sozial-liberale Regierung geht nicht auf den Deal ein. Als die Inhaftierten im Stuttgarter Gefängnis Stammheim Selbstmord begehen, wird Schleyer von seinen Entführern erschossen.

Neue Koalition u. Streik in der Chemie-Industrie

1969 löst eine **sozial-liberale Regierung** die große Koalition ab. Bundeskanzler wird der Sozialdemokrat **Willy Brandt** und damit das erste Mal ein Kind aus der Arbeiterklasse. Brandt will „mehr Demokratie wagen".

Dies wäre ohne die 68er-Bewegung wahrscheinlich nie möglich gewesen.

Durch eine **neue Ostpolitik** entspannt sich das Verhältnis zwischen Ost und West.

Innenpolitisch findet eine Leistungsverbesserung in der **Renten- und Krankenversicherung**, die Verbesserung von **Bildungschancen** und partiell auch die **Ausweitung der Mitbestimmung** statt.

Für seine Ostpolitik erhält Brandt 1971 den **Friedensnobelpreis.**

Die Formel für den erfolgreichen Streik.

1971 **Arbeitskampf in der chemischen Industrie**. Es werden **7,8% mehr Lohn** erreicht und die schrittweise Einführung des **13. Monatsgehalts** als Tarifleistung.

Novellierung des Betriebsverfassungsgesetzes

1972 wird das **Betriebsverfassungsgesetz** novelliert: Arbeitnehmer erhalten **Mitbestimmungsrechte für den Betriebsrat** in Personalfragen (Einstellung, Kündigung u.a.), in sozialen Fragen (Dauer und Lage der Arbeitszeit, Arbeitsschutz und Sicherheit, soziale Einrichtungen und Leistungen) sowie Informations- und Mitwirkungsrechte in wirtschaftlichen Fragen.

Zudem muss bei größeren Betriebsänderungen ein Interessenausgleich stattfinden sowie bei Massenentlassungen ein Sozialplan aufgestellt werden.

Der DGB fordert zudem die **paritätische Mitbestimmung** der Arbeitnehmer in Großunternehmen und Großkonzernen nach dem Vorbild des Montanmodells. Die **Freie Demokratische Partei (FDP)** aber stellt sich quer.

Heinz Oskar Vetter ist von 1969-1982 **Vorsitzender des DGB**. Zuvor war er in der **IG Bergbau und Energie** organisiert. 1974 wird er Präsident des **Europäischen Gewerkschaftsbundes** und 1979 Vizepräsident vom **Internationalen Bund Freier Gewerkschaften (IBFG)**. Außerdem gehörte er dem sozialistischen Flügel der SPD an.

Sag' ruhig „Du".

Der Betriebsrat ist nicht nur ein Instrument der Mitbestimmung der ArbeitnehmerInnen, sondern auch ein Instrument der ArbeitgeberInnen, die Belegschaft in Schach zu halten. Darüber hinaus kommt es nicht selten zu Korruption und einem Schulterschluss mit der ArbeitergeberInnenseite.

Die „Ausländerstreiks"

1973 kommt es zu einem **Tarifabschluss von 8,5% mehr Lohn** in der **Stahlindustrie**. Die ArbeiterInnen wollen mehr. Es kommt zu einer ganzen **Welle von (zumeist wilden) Streiks:** Zweiwöchiger Streik bei der Schlossfabrik Hülsbeck & Fürst in Velbert, Streik von 15.000 Hoesch-ArbeiterInnen bei den drei Dortmunder Stahlwerken, Streik bei Mannesmann in Duisburg-Huickingen mit einwöchiger Betriebsbesetzung und 10.000 Streikende bei VW u.a.. Insgesamt legen 275.000 Beschäftigte in 335 Betrieben die Arbeit nieder.

Charakteristisch für diese Streiks ist die **aktive Rolle von Frauen** und vor allen Dingen von **MigrantInnen**. Später wird mensch von den sog. **„Ausländerstreiks"** sprechen.
Zu Zeiten des **„Wirtschaftswunders"** werden sog. „Gastarbeiter" in Deutschland angeworben. Es gibt, einmalig in der Geschichte, mehr Arbeitsplätze als potenzielle ArbeitnehmerInnen. Die „Gastarbeiter" verrichten die Jobs, die viele Deutsche nicht machen wollen und die zudem schlecht bezahlt sind. Als sich die wirtschaftliche Lage im Land wieder verschlechtert, verhängt die Bundesregierung 1973 einen **Anwerbestopp**. Die rassistische Botschaft ist: „Die Ausländer sind ein Problem".

Der bekannteste Streik in dieser Zeit ist der sog. **„Ford-Streik"** in Köln: Das Unternehmen nutzt die Absatzkrise, um **500 türkische ArbeiterInnen**, die aufgrund von zu kurzem Urlaub nicht rechtzeitig nach den Werksferien zurück gekommen sind, zu entlassen.
Unbezahlter Urlaub wird verweigert, die durch die Entlassungen entstehende Mehrarbeit wird willkürlich den KollegInnen aufgedrückt. **17.000 ArbeiterInnen** legen unabhängig von den Gewerkschaften für **7 Tage** die Arbeit nieder. Es wird ein Streikkomitee gebildet. Regelmäßig erscheinen Flugblätter der **„Kölner Fordarbeiter"**. Die Werksleitung reagiert mit dem Versuch, die Belegschaft, Deutsche und sog. Ausländer, zu spalten, in dem (auch von der **IG Metall**) Deutsche bevorzugt behandelt werden. Die Presse hetzt über den „Türken-Terror" bei Ford.

Streik bei Pierburg/Neuss

Ob deutsch oder nicht – Pierburg ob Frau oder Mann…

…Wir lassen uns nicht spalten!

Schneller!

Auch bei Pierburg in Neuss legen 1973 vor allen Dingen **migrantische Frauen** die Arbeit nieder, ohne dass eine Gewerkschaft dazu aufgerufen hätte. Der von der Werksleitung zur Hilfe gerufene Polizeidirektor erklärt: „Eine wilde Arbeitsniederlegung gilt als Revolution!" und rechtfertigt damit ein hartes Eingreifen. Wieder wird versucht, die Belegschaft in „In-" und „AusländerInnen" zu spalten.

Die ArbeiterInnen widerstehen. Der Streik ist ein Erfolg: Die **„Leichtlohngruppe II"** wird abgeschafft, es gibt einen **Lohnzuschlag von 55 bis 65 Pfennig pro Stunde**, die **Streiktage werden bezahlt** und niemand wird entlassen.

Arbeitsbedingungen bei der Vergaserfabrik Pierburg: Wg. des Umgangs mit **ätzenden Chemikalien** muss in Gummianzügen gearbeitet werden. In der **Lohngruppe II** wird für **4,70 DM** die Stunde am Fließband gearbeitet. Die **Bandgeschwindigkeit wird beständig erhöht.**

Tariferfolge trotz „Ölpreisschock"

1973 gibt es den sogenannten **„Ölpreisschock".** Trotz dieser wirtschaftlichen Verunsicherung erzielen die Gewerkschaften nach wie vor tarifpolitische Erfolge (z.B. im öffentlichen Dienst oder bei den Metallern).

BRD und DDR treten den **Vereinten Nationen** (auch **UNO - United Nations Organization** genannt) bei. Ziel der Organisation ist der Weltfrieden. Links: Friedensmission einer UNO-Friedenstruppe.

1974: Drei Tage Streik der Müllwerker im öffentlichen Dienst. **Heinz Kluncker** und die **Gewerkschaft Öffentliche Dienste (ÖTV), Transport und Verkehr** machen sich einen Namen als „harte Tarifpolitiker". Es gibt elf Prozent mehr Lohn, mind. aber 170 DM.

Neue soziale Bewegungen und Guillaume-Affäre

Dem DGB erwächst so langsam Konkurrenz in Form von verschiedenen sozialen Bewegungen, z.B. der **Antiatombewegung**. Während der DGB die Arbeitsplätze in der Atomenergiebranche verteidigen möchte, warnen die Atomgegner vor **Super-GAU** und **Atomwaffenproduktion**.
Erst mit dem Unfall in **Tschernobyl 1986** schwenkt der DGB in der Energiefrage um und nimmt eine atomkritische Position ein.

Im Mai 1974 tritt Willy Brandt wegen der **Guillaume-Affäre** als Bundeskanzler zurück (Brandts enger Berater Günter Guillaume entpuppt sich als DDR-Spion). Als weitere Gründe für Brandts Rücktritt werden der **wirtschaftliche Abschwung** aufgrund der **Ölkrise**, **die hohen Tarifabschlüsse der ÖTV** und allgemeine **Amtsmüdigkeit** angenommen. Es folgt **Helmut Schmidt** (rechts) als neuer Bundeskanzler.

Wilder Streik in Ostwestfalen und Gründung der FAU/IAA

1975/76 möchte die **Zementfabrik Seibel & Söhne** den Betrieb „kleinschrumpfen" (Firmenchef Seibel kündigt innerhalb von 5 Tagen 86 MitarbeiterInnen). Die Belegschaft reagiert mit der **Werksbesetzung**. Brennöfen und Mahlwerk werden abgestellt und Streikposten aufgestellt. Seibel ignoriert sämtliche Betriebsverfassungsgesetze, sprich: Er arbeitet nicht mit dem Betriebsrat zusammen, nimmt bei den Entlassungen keine Rücksicht auf besondere Schutzwürdigkeit (z.B. kinderreiche ArbeiterInnen) und verweigert einen **Sozialplan** sowie Abfindungen für die Entlassenen. In Folge der Werksbesetzung kündigt Seibel schließlich der kompletten Belegschaft. Der wilde Streik (d.h. ohne die Gewerkschaft) der ZementarbeiterInnen dauert **449 Tage**. Dieser, sowie die Maßnahmen und Gegenmaßnahmen von Seibel werden später vom **Bundesarbeitsgericht** als rechtswidrig verworfen.

1977 gründet sich die **anarchosyndikalistische Freie ArbeiterInnen Union (FAU/IAA)** als Nachfolgeorganisation der FAUD. Sie ist basisdemokratisch und antikapitalistisch. Ferner ist sie in der **Internationalen Arbeiter Assoziation (IAA)**, einem internationalen Zusammenschluss anarchosyndikalistischer Gewerkschaften, organisiert. Die FAU/IAA ist eine große Befürworterin von wilden Streiks.

Neue Arbeitsbedingungen in der Druckvorstufe

Die Belegschaft der Druckindustrie gilt in den 70ern und 80ern als besonders kämpferisch und streikfreudig.

Bald stellt jeder Dödel seine Druckvorlagen selber her.

Drucker geh' nach Hause! Viva DTP!

1978 wird zum Einen der **„Absicherungstarifvertrag"** in der baden-württenbergischen Metallindustrie abgeschlossen, der vor der rationalisierungsbedingten Abgruppierung schützen soll. Zum Anderen streiken die DruckerInnen und erreichen den Abschluss eines Tarifvertrags, der die ArbeiterInnen gegen die sozialen Risiken der neuen **rechnergesteuerten Satzsysteme** in der Druckindustrie absichern soll.

Die mit der Einführung des **„Desktop Publishing" (DTP)** in den Anfängen der 80er Jahre aus dem Boden schießenden branchenfremden **DTP-Firmen** nehmen den alten Druckereien immer mehr Satzaufträge weg und brechen vielen das Genick.

Die Rezession der 70er und 80er Jahre

Die hohe Wachstumsrate der Nachkriegsjahrzehnte lag u.a. in dem hohen Nachholbedarf an Investitionen und Konsum in Folge der Zerstörungen der Kriegszeit begründet. Nachdem dieser gesättigt ist, wird Deutschland in den normalen Konjunkturzyklus der Weltwirtschaft einbezogen. Fortan bestimmt der Weltmarkt und der zunehmende Konkurrenzkampf zwischen Japan, Europa und den USA die wirtschaftliche Entwicklung. Zudem vollzieht sich eine Verschiebung zwischen den einzelnen Sektoren der Wirtschaft: Grundstoff- und Weiterverarbeitungsindustrie, d.h. die Bergbau, Stahl- und Textilindustrie leiden unter der weltweiten Konkurrenz und verlieren bis zu zwei Drittel ihrer Arbeitsplätze. Private Dienstleistungen, Banken, Versicherungen usw. versprechen neue Beschäftigungsfelder. In dem Maße aber, wie in anderen Sektoren Beschäftigung verloren geht, wird keine neue geschaffen.

Seit ca. 1975 bis Anfang der 80er steigt die Arbeitslosigkeit in Deutschland wieder an: Von 4,2 auf 9,3 Prozent - 1989 sind es immer hin noch 7,9 Prozent.

Politischer Streik gegen NATO-Doppelbeschluss

Schuld ist aber nicht nur der verstärkte Konkurrenzkampf, sondern auch eine grundsätzliche Veränderung der Arbeitswelt: Dank der **Mikroelektronik** werden sämtliche Arbeitsabläufe automatisiert. Der **Computer** erhält zusehends Einzug in die Arbeitswelt und trägt damit zu einer fortschreitenden **Rationalisierung** bei.

1979 wird der **NATO-Doppelbeschluss** verabschiedet, mit dem der UDSSR die Stationierung von Mittelstreckenraketen angedroht wird, wenn diese nicht ihrerseits abrüstet. Der DGB verhält sich dieser Konfrontationspolitik gegenüber, die auch die Bundesregierung mitträgt, zunächst loyal. Dann allerdings erfolgen **politische Streiks** gegen den NATO-Doppelbeschluss.

Ende der gemeinwirtschaftlichen Aktivitäten des DGB

1982 beendet ein Misstrauensvotum die Sozialliberale Koalition und **Helmut „Die Birne" Kohl** von der Christlich Demokratischen Union Deutschlands (CDU) wird Bundeskanzler.

Raus!

Schwere Managementfehler der Verwalter der „Neuen Heimat" erschüttern die Glaubwürdigkeit der DGB-Gewerkschaften. 1986 wird das verschuldete Wohnungsunternehmen für eine Mark an einen **Berliner Brotfabrikanten** verkauft. Der Hauptakteur der Affäre, **Albert Vietor** (links), wird kurzerhand durch den Aufsichtsrat unter dem DGB-Vorsitzenden **Heinz Oskar Vetter** (rechts) rausgeschmissen. Daraufhin fordert die **IG Metall** 1987 die **Aufgabe der gemeinwirtschaftlichen Aktivitäten der Gewerkschaft**.

Kampf um die 35-Stunden-Woche

Im Kampf gegen die Arbeitslosigkeit setzt der DGB vor allem auf eine Arbeitszeitverkürzung. Die **35-Stunden-Woche** bei vollem Lohnausgleich ist erklärtes Ziel. **1977** scheitert die **IG Metall** mit einem ersten Versuch. **1978/79** kommt es in der Stahlindustrie und **1984** in der Metall- und Druckindustrie zu wochenlangen Arbeitskämpfen um die 35-Stunden-Woche. Als schlechter Kompromiss wird **1985** die Arbeitszeit auf 38,5 Stunden gesenkt. Erst **1990** erreicht die IG Metall entgültig die **Einführung der 35-Stunden-Woche ab dem 1. Oktober 1995**. Auch die **IG Medien** kann eine Arbeitszeitverkürzung auf 35 Stunden durchsetzen.
2003 streikt die Belegschaft der Metallindustrie auch in der **ehemaligen DDR** um die Einführung der 35-Stunden-Woche. Der Streik scheitert. Lediglich in der Stahlindustrie kommt es zur stufenweisen Einführung der 35-Stunden-Woche.

Während der DGB noch überlegt, wie er die 35-Stunden-Woche erreichen soll, haben Andere bereits die 35-Sekunden-Woche für sich durchgesetzt.

Aufruhr im Ruhrgebiet: Der Rheinhausenstreik

Stille Besetzung: Die Produktion läuft weiter, aber unter **Kontrolle der Stahlkocher**. Mehrmals wird für Stunden, Tage und eine Woche die **Arbeit niedergelegt**. Es wird ein **eigener Fernsehsender**, der „offene Kanal", aufgebaut und über eine Großantennenanlage direkt in die Kruppschen Werkswohnungen gesendet.

Im **November 1987** findet der bedeutensde Arbeitskampf gegen eine Betriebsschließung in Deutschland statt: Der **Rheinhausenstreik**. Als bekannt wird, dass die **Stahlhütte Rheinhausen** geschlossen werden soll (6.300 Arbeitsplätze sind bedroht), gehen die ArbeiterInnen in einen Arbeitskampf, der **173 Tage** anhält. Die Rheinbrücken werden blockiert. Über 100.000 Menschen im Ruhrgebiet solidarisieren sich mit den StahlarbeiterInnen.
Der damalige SPD-Fraktionschef im Landtag von NRW, **Friedhelm Fahrtmann** erklärt Ende 1987: „In Rheinhausen haben wir kurz vor Weihnachten eine vorrevolutionäre Situation erlebt, wie wir sie nach dem zweiten Weltkrieg in der Bundesrepublik noch nicht hatten."

ArbeiterInnenautonomie in Rheinhausen: Zweimal wöchentlich tagt das „**Bürgerkomitee**", an dem durchschnittlich 800-1000 Menschen teilnehmen. Es entsteht eine **Fraueninitiative** mit 500 Aktivistinnen. Am 28. Januar 1988 gehen 15.000 **SchülerInnen** für die Arbeitsplätze ihrer Eltern auf die Straße.

Arbeitskämpfe von Chemie, Einzelhandel und Druckindustrie

Der Kampf um die Arbeitsplätze in Rheinhausen geht verloren. Als Ursache wird nicht zuletzt die fehlende Unterstützung der IG Metall ausgemacht. Trotz allem war Rheinhausen eine beeindruckende Demonstration von **ArbeiterInnenmacht**, wie sie ähnlich erst wieder **2004** beim **Opelstreik in Bochum** auftritt.

Zunächst sind aber wieder **Tarifverhandlungen** angesagt:

1988 kommt erstmals für einen großen Industriezweig, die **chemische Industrie**, ein einheitlicher Entgelttarifvertrag für die ArbeiterInnen und Angestellten zustande.

Das soll ein Arbeitskampf sein?!

1989 finden im **Einzelhandel** Arbeitskämpfe um eine Arbeitszeitverkürzung und die Ladenschlusszeiten statt. In der **Druckindustrie** wird um das freie Wochenende gerungen. Derweil bahnt sich die **Einheit Deutschlands** an.

Deutsche Einheit und DGB-Eintrittswelle

1990 vereinen sich die beiden deutschen Staaten. Die **DDR** hatte sich seit dem Beginn der 80er Jahre auf wirtschaftliche Talfahrt begeben. Arbeitskräfte und Umwelt sind ausgelaugt. Der **FDGB** zerbricht innerlich und wird im September 1990 aufgelöst. Der schnelle, wirkungsvolle Aufbau der **DGB-Gewerkschaften** in der ehemaligen DDR und der Wille, sich unter den vermeintlichen Schutz einer neuen und unbelasteten Großorganisation zu begeben, lässt die Mitgliederzahlen explodieren: Ende 1991 sind fast 4 Millionen ArbeitnehmerInnen in den neuen Bundesländern Mitglied einer DGB-Gewerkschaft. **Der Organisationsgrad beträgt 60%.**

Friedliche Revolution: „Wir sind das Volk" skandierend, ziehen Tausende Menschen 1989 durch die Straßen Ostdeutschlands und demonstrieren für eine **Reform des Sozialismus** und später auch für die **Wiedervereinigung Deutschlands**. Zum Zentrum dieser „**Montagsdemonstrationen**" wird Leipzig. Die „Montagsdemos" werden von den **Hartz-IV- und Sozialabbau-GegnerInnen** 2004 wieder aufgegriffen.

Rezession und DGB-Austrittswelle

Speech/thought bubbles:
- Ab in den DGB
- WESTZONE
- "Blühende Landschaften*..." Ich will die DDR zurück!
- Wohlstand und Konsum!
- Von einem Arbeitervolk zum Volk ohne Arbeit
- DGB →

*Versprechen von **Bundeskanzler Kohl** im Jahr 1990.

In der Folge einer erneuten Rezession, dem **Zusammenbruch der New Economy**, treten die Menschen aber schnell wieder aus den Gewerkschaften aus. Es ist von einer tiefen **Strukturkrise der westdeutschen Ökonomie** im weltwirtschaftlichen Gesamtzusammenhang die Rede. Entgeltsysteme und Arbeitszeiten werden flexibilisiert. Lohnersatzleistungen werden abgesenkt. Die Krankenversicherung wird einer Strukturreform unterzogen. Ebenso die Rentenversicherung.

1991 wird das „Provisorium" Bonn als Regierungssitz aufgegeben und dieser nach Berlin verlagert.

Im **April 1995** wird die **Pflegeversicherung** im Rahmen der gesetzlichen Krankenversicherung eingeführt.

Die rot-grüne Regierung, die Gründung von ver.di und der Kosovokrieg

Nach heftigen Anti-Kohl-Protesten löst **Rot-Grün** 1998 Schwarz-Gelb ab. Bundeskanzler wird **Gerhard Schröder**. Die Gewerkschaftsfeindliche Haltung der Kohlregierung wird beibehalten. Die Personalunion von DGB-Gewerkschaften und Sozialdemokratie fängt an zu bröckeln.

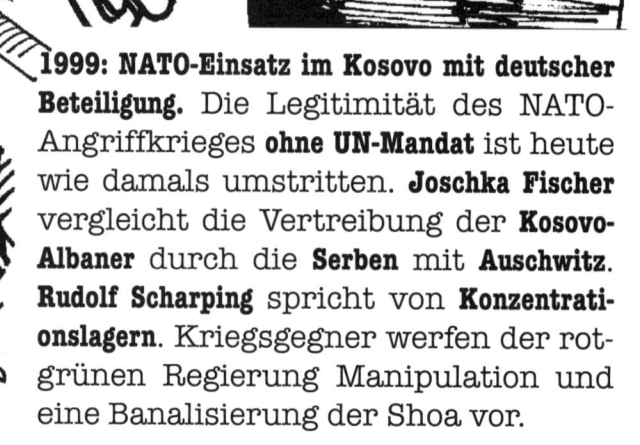

Money, money, money, makes me funny...

Frei nach A. Böcklin

1999: NATO-Einsatz im Kosovo mit deutscher Beteiligung. Die Legitimität des NATO-Angriffkrieges **ohne UN-Mandat** ist heute wie damals umstritten. **Joschka Fischer** vergleicht die Vertreibung der **Kosovo-Albaner** durch die **Serben** mit **Auschwitz**. **Rudolf Scharping** spricht von **Konzentrationslagern**. Kriegsgegner werfen der rot-grünen Regierung Manipulation und eine Banalisierung der Shoa vor.

2001: Gründung der Vereinten Dienstleistungsgewerkschaft (ver.di). Die Deutsche Angestellten-Gewerkschaft **(DAG)**, die Deutsche Postgewerkschaft **(DPG)**, die Gewerkschaft Handel, Banken und Versicherungen **(HBV)**, die IG Medien - Druck und Papier, Publizistik und Kunst **(IG Medien)** und die Gewerkschaften Öffentliche Dienste, Transport und Verkehr **(ÖTV)** schließen sich zur zweitgrößten Mitgliedesgewerkschaft des DGB zusammen.

Sozialabbau unter Rot-Grün: Die Hartz-Gesetzgebung

Mit dem Versprechen, die Arbeitslosenzahlen von ca. 4 Millionen zu halbieren, führt die Regierung Schröder **2003** im Rahmen der **Agenda 2010** das „Beschäftigungskonzept" **Hartz I** und **II** ein. Demnach werden einem Erwerbslosen bei Ablehnung eines zumutbaren Vermittlungsangebotes die Bezüge gekürzt. Und zumutbar ist zukünftig jeder Job. In der Folge werden immer mehr Jobs angenommen, deren Bezahlung und Arbeitsbedingungen entwürdigend sind.

Hartz II fördert Minijobs, die den Arbeitgeber von Sozialbeiträgen befreit, und Ich-AGs. Bei letzteren soll ein staatlicher Zuschuss Anreize zur Existenzgründung geben. Die Bezuschussung wird 2006 wieder zurückgenommen.

2004 wird **Hartz III** eingeführt. Die Bundesanstalt für Arbeit heißt von nun an **„Bundesagentur für Arbeit"**. Arbeitsämter heißen **„Jobcenter"** und Arbeitslose werden zu **„Kunden"**.

Mit **Hartz IV** erfolgt der größte Einschnitt ins Sozialsystem. Nach einem Jahr Arbeitslosigkeit bekommen BezieherInnen nur noch **Arbeitslosengeld II**. ALG II ist die Zusammenlegung von Arbeitslosenhilfe und Sozialhilfe auf einem der früheren Sozialhilfe ähnlichem Niveau.

Es kommt zur Wiederbelebung der **„Montagsdemonstrationen"**.

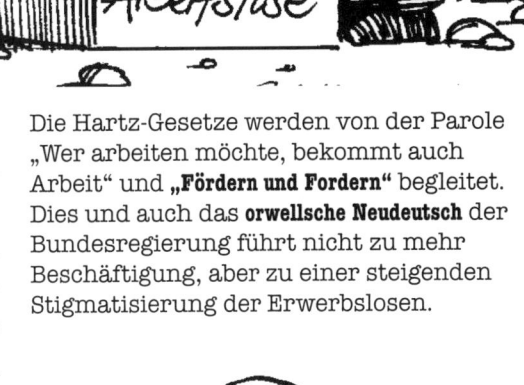

Die Hartz-Gesetze werden von der Parole „Wer arbeiten möchte, bekommt auch Arbeit" und **„Fördern und Fordern"** begleitet. Dies und auch das **orwellsche Neudeutsch** der Bundesregierung führt nicht zu mehr Beschäftigung, aber zu einer steigenden Stigmatisierung der Erwerbslosen.

Die **„Jobcenter"** schaffen keine neue Arbeit. Sie verwalten im Prinzip nur noch die Armut der Menschen.

Wilder Streik bei Opel

Wir lassen uns nicht kampflos schlachten!

Wilde Streiks gefährden den Standort Deutschland, führen zu einer Radikalisierung...

...und schaden dem Betriebsfrieden!

Hiobsotschaften aus allen Landesteilen: 10.000 Entlassungen bei Opel/General Motors, 5.500 bei Karstadt, 1.000 bei Spar, 1.000 bei Schlecker u.a.. Die Belegschaft von **Opel Bochum** stellt sich quer. Enttäuscht von der Gewerkschaft und dem Betriebsrat gehen die (noch) Beschäftigten in einen **wilden Streik** und deklarieren diesen als betriebliche Informationsveranstaltung. Denn wilde Streiks, d.h. Streiks, die unabhängig von der Gewerkschaft geführt werden, sind in Deutschland verboten.

Opel Bochum ist ein Zulieferer für die Opel-Werke u.a. in **Antwerpen** und **Rüsselsheim**. Auch hier kommt es in der Folge des Streiks zu Ausfällen.

In dem Augenblick aber, wo es europaweit zu Einschränkungen und damit zu einem Höhepunkt von **ArbeiterInnenmacht** kommen könnte, wird der Streik abgebrochen.

Auch Arbeitgeberpräsident Hundt (rechts) kapiert irgendwann, weshalb die Bänder still stehen: Die ArbeiterInnen haben keinen Bock mehr auf Betriebsfrieden und Standortpolitik.

82

Herweg-Busbetriebe-Streik und große Koalition

Ausdauer: Im Januar 2004 treten 50 MitarbeiterInnen der **Leverkusener Herweg-Busbetriebe (HBB)**, einer Tochter der **Kraftverkehr Wupper-Sieg (KWS)**, in den Streik gegen Niedriglöhne. Die Forderung ist **„Gleicher Lohn für gleiche Arbeit".** Denn neue Fahrer werden nur noch bei der Tochtergesellschaft eingestellt, die deutlich niedrigere Löhne zahlt. Zunächst kommt es noch zu Ausfällen von Busverbindungen. Dann übernehmen Subunternehmer den öffentlichen Verkehr. Die Fahrgäste bekommen kaum noch etwas von einem Streik mit. Nach **395 Tagen**, dem längsten Streik in der Geschichte Deutschlands, kommt es im Februar 2005 zu einem Tarifvertrag, der von der Belegschaft abgesegnet, aber von niemandem mit Euphorie begrüßt werden kann.

Unter Merkel scheint die Beschäftigungsrate wieder nach oben zu gehen. Tatsächlich aber bezieht sich das vor allen Dingen auf die Neuschaffung von **Minijobs, Leih-** und **Zeitarbeit** sowie **1-Euro-Jobs,** also Beschäftigung, die eher kosmetischen Charakter hat. Zudem beschließt die große Koalition 2006 die **Anhebung des Rentenalters auf 67** - was einer Rentenkürzung gleichkommt.

Wechsel: Im November 2005 finden vorgezogene Neuwahlen statt. **Gerhard Schröder** scheitert und eine **große Koalition** aus CDU und SPD löst Rot-Grün ab. Mit **Angela Merkel** wird zum ersten Mal eine Frau und eine Ostdeutsche Bundeskanzlerin.

Streik bei Gate Gourmet und IGB-Gründung

Im Oktober 2006 schließt sich in Wien der **Internationale Bund Freier Gewerkschaften (IBFG)** mit dem **Weltverband der Arbeitnehmer (WVA)** und acht weiteren Gewerkschaften zum **Internationalen Gewerkschaftsbund (IGB)** zusammen. Mit dem Zusammenschluss versuchen die Gewerkschaften mit einer globalisierten Wirtschaft Schritt zu halten.

Ab Oktober 2005 streiken die Beschäftigten von **Gate Gourmet** (einer Tochterfirma der **Texas Pacific Group**), einem Cateringunternehmen am Flughafen Düsseldorf. Das Unternehmen möchte die Arbeitszeit auf 40 Stunden verlängern, Zulagen streichen und den Urlaub um 5 auf 25 Tage reduzieren. Verhandlungsführer ist die DGB-Gewerkschaft **Gewerkschaft Nahrung-Genuss-Gaststätten (NGG)**. Das Besondere an dem Streik ist die Entschlossenheit und der überwiegend mitgrantische Hintergrund der Streikenden.
Aktive Unterstützung bekommen die Menschen auch von der **Freien ArbeiterInnen Union (FAU/IAA)**. Unterdessen setzt die Pacific Group **Streikbrecher** ein (ArbeiterInnen der Leihfirmen **Tertia in Krefeld** und **G+A in Duisburg**).

ArbeiterInnenautonomie in Nordhausen

Als am 30. Juni 2007 bekannt gegeben wird, dass das Fahrradwerk in Nordhausen aus Rentabilitätsgründen durch den **US-amerikanischen Finanzinvestor Lone Star** geschlossen werden soll, sind 135 Beschäftigte von einem auf den anderen Tag arbeitslos. Als klar wird, dass die Fabrik demontiert werden soll, besetzen die ArbeiterInnen kurzerhand das Werk. Die Menschen übernehmen die Produktion in Eigenregie und angeregt durch die **FAU/IAA** entsteht das eigens konzipierte Fahrradmodell **„Strike Bike"**. In kurzer Zeit werden tausende Fahrräder der Edition verkauft. Erst jetzt wird die IG Metall auf die Nordhausener aufmerksam und versucht vergeblich, Einfluss auf den Prozess auszuüben.

Nach der Produktion des „Strike Bike" wird das Werk endgültig geschlossen. Der Erfolg der Kampagne aber gibt einigen ArbeiterInnen den Mut die Arbeit in Eigenregie fortzuführen: 2008 kommen sie mit einer weiteren Edition, dem **„Black Bike"**, auf den Markt.

„Ich habe übrigens auch ein Strike Bike".

Streik der LokomotivführerInnen

Im Sommer und Herbst 2007 streiken die in der **Gewerkschaft Deutscher Lokomotivführer (GDL)** organisierten MitarbeiterInnen der **Deutschen Bahn (DB)** mehrfach bis zu 30 Stunden. Hintergrund sind die unzureichenden Tarifabschlüsse der **DGB-Gewerkschaft Transnet** und der **Verkehrsgewerkschaft GDBA**, die Mitgleid im **Deutschen Beamtenbund dbb** ist. Die GDL fordert einen eigenständigen Tarifvertrag mit 31% mehr Lohn. Die Bahn geht (erfolglos) juristisch gegen die Streiks vor und fordert sogar einen Eingriff der Politik. Viele sehen darauf hin die allgemeine **Tarifautonomie** gefährdet.

Die Tarifparteien einigen sich auf 11% Lohnerhöhung, eine Einmalzahlung von 800 Euro und eine Senkung der Wochenarbeitszeit von 41 auf 40 Wochenstunden.

Der **Bahn-Streik** bekommt in der Folge auch für andere Branchen **Vorbildcharakter**.

"Verstehen Sie? Es wäre eine Tragödie, die z.Zt. wütende, neoliberale Demontage kampflos hinzunehmen..."

"...nach all den Anstrengungen, nach all den Opfern."

*__Heißt so viel wie:__ „Siehst Du Papa?! Das predige ich jetzt schon seit meinem ersten Lebensjahr. Aber mir hört ja keiner zu".

88

Glossar

Aufsichtsrat
Ein A. ist ein Kontrollgremium bei Kapitalgesellschaften und Organisationen.

Aussperrung
Unternehmerpraxis, um die Kosten der Gewerkschaften hoch zu treiben.
Es wird unterschieden zwischen einer „heißen Aussperrung" (hier werden die ArbeiterInnen im Rahmen eines Arbeitskampfes von Lohn und Arbeit ausgeschlossen) und einer „kalten Aussperrung" (hier werden die ArbeiterInnen aufgrund einer „heißen Aussperrung" in einem Zuliefererbetrieb ausgeschlossen).

Betriebsrat
Der Betriebsrat ist das gewählte Organ der Vertretung der ArbeitnehmerInneninteressen auf Grundlage des Betriebsverfassungsgesetzes.

Direkte Aktion
Die D. ist ein direkter Eingriff in einen Produktionsprozess, der zu direkten, ökonomischen Folgen führen soll. Darunter fällt der Streik genauso wie der Boykott oder die Sabotage.

Einheitsgewerkschaft
Eine E. ist eine Gewerkschaft, die alle ArbeitnehmerInnen unabhängig ihrer politischen oder weltanschaulichen Überzeugung vereint.

Föderalismus
Bezeichnet eine Organisationsstruktur, bei der die einzelnen Glieder über (einen gewissen Grad von) Autonomie verfügen, durch ein großes Ganzes aber mit einander verbunden sind.

Genossenschaft
Eine G. ist ein ökonomisch motivierter Zusammenschluss von Personen, die sich in einer gleichen oder ähnlichen Problemlage befinden und eine gemeinsame Lösung dafür suchen. Die G. basiert auf einer ArbeiterInnenselbstverwaltung.

Klassengesellschaft
Nach Karl Marx besteht die kapitalistische Gesellschaft aus zwei Klassen, die sich in ihren ökonomischen Interessen antagonistisch gegenüber stehen: Auf der einen Seite sind das die Besitzer- (von Produktionmitteln - das Kapital), auf der anderen Seite die Besitzlosen (die nichts anderes als ihre Arbeitskraft zu veräußern haben - das Proletariat).

Mindestlohn
Der M. definiert das geringste zu zahlende Entgeld einer Branche. Er kann z.B. durch einen allgemeinverbindlichen Tarifvertrag festgelegt werden.

Paritätische Mitbestimmung
Als P. bezeichnet mensch in der Politik ein gleichmäßiges Verhältnis von Stimmen in einem Gremium, z.B. die von ArbeitnehmerInnen und ArbeitgeberInnen im Aufsichtsrat eines Betriebs.

Produktionsmittel
Die Mittel, die zur Produktion von Waren erforderlich sind.

Rationalisierung
In der Wirtschaft bedeutet die R. eine effizienzsteigerung im Betrieb, wodurch eine höhere Produktivität erreicht werden soll. Folge einer Rationalisierung sind oft schlechte Arbeitsbedingungen und Arbeitsplatzabbau.

Richtungsgewerkschaft
Eine R. ist eine Gewerkschaft, die sich einer weltanschaulichen Richtung verpflichtet fühlt (z.B. sozialistische, liberale oder christliche Gewerkschaften).

Tarifautonomie
T. ist das im Grundgesetz verankerte Recht der Tarifparteien, Tarifverträge frei von staatlichen Eingriffen abzuschließen.

Tarifvertrag
Ein T. ist ein Vertrag zwischen zwei Tarifparteien. Das ist gewöhnlich ein Arbeitgeberverband auf der einen Seite und die Gewerkschaft (als ArbeitnehmerInnenvertretung) auf der anderen Seite. Er regelt die Rechte und Pflichten der Tarifvertragsparteien. Für die Geltungsdauer sind Arbeitskämpfe verboten.

Wilder Streik
Ein W. ist ein Arbeitskampf, der ohne gewerkschaftliche Strukturen, allein aus der Erhebung der ArbeiterInnen, geführt wird.